EXPOSITION UNIVERSELLE DE 1889

À PARIS.

TROIS TYPES

DE

BIBLIOTHÈQUES POPULAIRES.

N° 2.

PARIS.

IMPRIMERIE NATIONALE.

M DCCC LXXXIX.

BIBLIOTHÈQUES POPULAIRES.

MINISTÈRE DE L'INSTRUCTION PUBLIQUE
ET DES BEAUX-ARTS.

EXPOSITION UNIVERSELLE DE 1889
À PARIS.

TROIS TYPES

DE

BIBLIOTHÈQUES POPULAIRES.

N° 2.

PARIS.

IMPRIMERIE NATIONALE.

M DCCC LXXXIX.

GRAMMAIRES ET DICTIONNAIRES

Bachelet (Th.) et **Dezobry (Ch.).** Dictionnaire général des lettres, des beaux-arts et des sciences morales et politiques, 2 vol. gr. in-8°; *Ch. Delagrave.*

Bénard (Th.). Dictionnaire classique universel, 1 vol. in-18; *V** Belin et fils.*

Grégoire (Louis). Dictionnaire encyclopédique d'histoire, de biographie, de mythologie et de géographie, 1 vol. in-8°; *Garnier frères.*

Lemaire (P.-A.). Grammaire de la langue française; 1 vol. in-8°; *Delalain frères.*

Privat-Deschanel et **Focillon (Ad.).** Dictionnaire général des sciences théoriques et appliquées, 2 vol. gr. in-8°; *Ch. Delagrave et Garnier frères.*

LITTÉRATURE ET MORALE.

I. PHILOSOPHIE ET MORALE.

Barni (J.). Histoire des idées morales et politiques en France au xviii° siècle, 2 vol. in-12; *Félix Alcan.*

Bourde (P.). Le Patriote, 1 vol. in-16; *Hachette et C*.

Du Camp (M.). La Vertu en France, 1 vol. in-8°; *Hachette et C*.

Duruy (G.). Pour la France, 1 vol. in-16; *Hachette et C*.

Favre (M* **J.).** La Morale des Stoïciens, 1 vol. in-18; *Félix Alcan.*

— La Morale de Socrate, 1 vol. in-18; *Félix Alcan.*

Ferraz. Nos devoirs et nos droits, 1 vol. in-12; *Perrin et C*.

Janet (Paul). La Famille, 1 vol. in-18; *Calmann Lévy.*

Laboulaye (Ed.). Discours populaires, 1 vol. in-18; *Charpentier et C*.

— Derniers discours populaires, 1 vol. in-18; *Charpentier et C*.

Lacroix (D.). Le Livre d'or des enfants sauveteurs, 1 vol. in-18; *Paul Dupont.*

Marion (H.). Leçons de morale, 1 vol. in-18; *A. Colin et C*.

Petit (Maxime). Le Courage civique, 1 vol. in-16; *Hachette et Cie.*

Simon (J.). Le Devoir, 1 vol. in-16; *Hachette et Cie.*

— L'École, 1 vol. in-16; *Hachette et Cie.*

Steeg. La vie morale. — Recueil de lectures choisies et annotées, 1 vol. in-12; *F. Nathan.*

II. HISTOIRE DES LITTÉRATURES ET CRITIQUE.

Albert (P.). La Poésie, 1 vol. in-16; *Hachette et Cie.*

Boucher. Tableau de la littérature anglaise, 1 vol. in-8°. *Léopold Cerf.*

Demogeot. Histoire des littératures étrangères : Angleterre, Allemagne, Italie, Espagne, 2 vol. in-16; *Hachette et Cie.*

Ducros (L.). J.-J. Rousseau, 1 vol. in-8°; *Lecène et Oudin.*

Dupuy (Ernest). Les grands maîtres de la littérature russe au xixe siècle, 1 vol. in-18; *Lecène et Oudin.*

Faguet (E.). Les Grands maîtres du xviie siècle, 1 vol. in-18; *Lecène et Oudin.*

Geruzez (E.). Histoire de la littérature française, 2 vol. in-12; *Perrin et Cie.*

Gidel (Ch.). Histoire de la littérature française, 4 vol. in-12; *Lemerre.*

Lange (Albert). Tableau de la littérature allemande, 1 vol. in-12; *Léopold Cerf.*

Merlet (G.). Études littéraires sur les grands classiques grecs, 1 vol. in-16; *Hachette et Cie.*

III. ANTHOLOGIES.

Anthologie des poètes français depuis le xve siècle jusqu'à nos jours, 1 vol. in-12; *Lemerre.*

Anthologie des prosateurs français depuis le xiie siècle jusqu'à nos jours, 1 vol. in-12; *Lemerre.*

Chefs-d'œuvre tragiques de **Rotrou, Lafosse, Crébillon,** etc., 2 vol. in-18; *Firmin-Didot et Cie.*

Jacquinet (P.). Les femmes de France. — Poètes et prosateurs. — Morceaux choisis, 1 vol. in-12; *Vve Belin et fils.*

Merlet (Gustave). Extraits des classiques français. — Cours supérieur. — Poésie, 1 vol. in-12; *A. Fouraut.*

— Extraits des classiques français. — Cours supérieur. — Prose, 1 vol. in-12; *A. Fouraut.*

Sevrette (J.). Chefs-d'œuvre de la littérature anglaise, 1 vol. in-12; *Vve Belin et fils.*

IV. LITTÉRATURE ANCIENNE.

César (Jules). Commentaires, 2 vol. in-16; *Hachette et Cie.*

Couat (A.). Homère. — L'Iliade. — L'Odyssée, 1 vol. in-8°; *Lecène et Oudin.*

Hérodote. Histoires (trad. GIGUET), 1 vol. in-16; *Hachette et Cie.*

Homère. L'Iliade et l'Odyssée, édition à l'usage de la jeunesse, 1 vol. in-8°; *Hachette et Cie.*

Tite-Live. Histoires et Narrations choisies, 1 vol. in-18; *Delalain frères.*

Virgile. Bucoliques, Géorgiques, Énéide, édition abrégée à l'usage de la jeunesse; 1 vol. in-8°; *Hachette et Cie.*

V. LITTÉRATURE FRANÇAISE
JUSQU'À LA FIN DU XVIIIe SIÈCLE.

Anonyme. La Chanson de Roland (édition Gautier), 1 vol. in-18; *A. Mame et fils* (Tours).

Beaumarchais. Théâtre, 1 vol. in-18; *Firmin-Didot et Cie.*

Bernardin de Saint-Pierre. Paul et Virginie, 1 vol. in-16; *Hachette et Cie.*

Boileau-Despréaux. Œuvres poétiques, 1 vol. in-12; *Ch. Delagrave.*

Bossuet. Oraisons funèbres, 1 vol. in-18; *Hetzel et Cie.*

Buffon. Chefs-d'œuvre littéraires, 2 vol. in-8°; *Garnier frères.*

Chénier (A.). Œuvres poétiques, 1 vol. in-12; *Librairie des bibliophiles.*

Corneille. Œuvres choisies, 1 vol. in-8°; *Hachette et Cie.*

Diderot. Morceaux choisis, 1 vol. in-12; *Librairie d'éducation de la jeunesse.*

Fénelon. Les Aventures de Télémaque, 1 vol. in-18; *Garnier frères.*

Fléchier, Bourdaloue. Chefs-d'œuvre oratoires. — Petit Carême de **Massillon**, 1 vol. in-8°; *Jouvet et Cie.*

Florian. Fables, 1 vol. in-18; *Garnier frères.*

La Fontaine. Fables (annotées par BUFFON), 1 vol. in-12; *Librairie des bibliophiles.*

Marivaux. Théâtre choisi, 2 vol. in-12; *Librairie des bibliophiles.*

Mirabeau. Morceaux choisis (édition Milliet), 1 vol. in-16; *Charavay frères.*

Molière. Chefs-d'œuvre, 2 vol. in-16; *Hachette et Cie.*

Racine (J.). Chefs-d'œuvre, 2 vol. in-16; *Hachette et Cie.*

Regnard. Chefs-d'œuvre, 2 vol. in-32; *Plon, Nourrit et Cie.*

Rousseau (J.-J.). Extraits, 1 vol. in-18; *Garnier frères.*

Voltaire. Choix de lettres, 1 vol. in-16; *Hachette et Cie.*

—— Extraits, 1 vol. in-18; *Garnier frères.*

—— Théâtre choisi, 1 vol. in-16; *Hachette et Cie.*

VI. LITTÉRATURE FRANÇAISE. — XIXe SIÈCLE.

Augier (Émile) et **Sandeau (Jules).** Le Gendre de M. Poirier, 1 vol. in-18; *Calmann Lévy.*

Brizeux (Auguste). Œuvres. — Marie, Telen Arvor, Furnez Breiz, 1 vol. in-12; *Lemerre.*

Chateaubriand (F.-A. de). Atala. René. Les Natchez, 1 vol. in-16; *Hachette et Cie.*

Coppée (François). Poésies (1864-1886), 3 vol. in-12; *Lemerre.*

Gautier (Théophile). Émaux et Camées, 1 vol. in-18; *Charpentier et Cie.*

Girardin (Mme Émile de). La Joie fait peur, 1 vol. in-18; *Calmann Lévy.*

Hugo (Victor). L'Art d'être grand-père, 1 vol. in-18; *Hetzel-Quantin.*

— La Légende des siècles, 4 vol. in-18; *Hetzel-Quantin.*

— Les Chants du crépuscule. — Les Voix intérieures. — Les Rayons et les Ombres, 1 vol. in-8°; *Hetzel-Quantin.*

— Les Enfants (le livre des mères), 1 vol. in-18; *Hetzel et Cie.*

— Extraits, édition des écoles, 1 vol. in-18; *Hetzel-Quantin.*

Labiche (Eugène) et **Martin (Édouard).** Le Voyage de M. Perrichon, 1 vol. in-18; *Calmann Lévy.*

Lamartine (A. de). Harmonies poétiques et religieuses, 1 vol. in-16; *Hachette-Jouvet.*

— Premières méditations poétiques. — La Mort de Socrate, 1 vol. in-16; *Hachette-Jouvet.*

— Extraits, 1 vol. in-16; *Hachette-Jouvet.*

Laprade (Victor de). Pernette, 1 vol. in-8°; *Perrin et Cie.*

Lemoyne (André). Poésies (1855-1883), 2 vol. in-12; *Lemerre.*

Manuel (Eugène). Pages intimes, 1 vol. in-18; *Calmann Lévy.*

— Poèmes populaires, 1 vol. in-18; *Calmann Lévy.*

Michelet. L'Oiseau, 1 vol. in-16; *Hachette et Cie.*

— L'Insecte, 1 vol. in-16; *Hachette et Cie.*

— La Mer, 1 vol. in-18; *Calmann Lévy.*

— Anthologie des œuvres de Michelet. — Extraits littéraires, 1 vol. in-12; *A. Colin et Cie.*

— Ma Jeunesse, 1 vol. in-18; *Calmann Lévy.*

Musset (A. de). Extraits, 1 vol. in-18; *Charpentier et Cie.*

Quinet (Edgar). Pages choisies, 1 vol. in-16; *Hachette et Cie.*

Sully-Prudhomme. Stances et Poèmes, 1 vol. in-12; *Lemerre.*

Theuriet (André). Poésies (1860-1874), 1 vol. in-18; *Lemerre.*

Vigny (Alfred de). Servitude et grandeur militaires, 1 vol. in-12; *Lemerre.*

VII. LITTÉRATURE ÉTRANGÈRE.

Goethe. Hermann et Dorothée, 1 vol. in-12; *Perrin et Cie.*

— Wilhelm Meister, 2 vol. in-18, *Charpentier et Cie.*

Manzoni. Les Fiancés, 2 vol. in-16; *Hachette et Cie.*

Schiller. Guillaume Tell, 1 vol. in-12; *Delalain frères.*

Shakespeare. Chefs-d'œuvre, 3 vol. in-16; *Hachette et Cie.*

Tasse. La Jérusalem délivrée, 1 vol. in-18; *Charpentier et Cie.*

VIII. ROMANS, CONTES ET NOUVELLES.
(FRANÇAIS ET ÉTRANGERS).

Anonyme. La Neuvaine de Colette, 1 vol. in-18; *Calmann Lévy.*

About (Edmond). Le Roman d'un brave homme, 1 vol. in-16; *Hachette et Cⁱᵉ.*

— Les Mariages de province, 1 vol. in-16; *Hachette et Cⁱᵉ.*

— Germaine, 1 vol. in-16; *Hachette et Cⁱᵉ.*

— Les Mariages de Paris, 1 vol. in-16; *Hachette et Cⁱᵉ.*

— Trente et Quarante. — Sans dot. — Les Parents de Bernard, 1 vol. in-16; *Hachette et Cⁱᵉ.*

— Nouvelles et Souvenirs, 1 vol. in-8°; *Hachette et Cⁱᵉ.*

Balzac (H. de). Scènes de la vie de province. — Eugénie Grandet, 1 vol. in-18; *Calmann Lévy.*

— Scènes de la vie parisienne. — Les Parents pauvres. — La Cousine Bette, 1 vol. in-18; *Calmann Lévy.*

Beecher Stowe (Mistress). La Case de l'oncle Tom, 1 vol. in-16; *Hachette et Cⁱᵉ.*

Bernard (Charles de). Le Gentilhomme campagnard, 1 vol. in-18; *Calmann Lévy.*

Biart (Lucien). Les Clientes du docteur Bernagius, 1 vol. in-18; *Plon, Nourrit et Cⁱᵉ.*

Bulwer Lytton. Les Derniers jours de Pompéi, 1 vol. in-16; *Hachette et Cⁱᵉ.*

Célières (Paul). Les Deux idoles, 1 vol. in-18; *Hennuyer.*

Cervantès. Don Quichotte de la Manche, édition abrégée, 1 vol. in-8°; *Hachette et Cⁱᵉ.*

Charton (Édouard). Nouvelles lectures de famille, 1 vol. in-8°; *Librairie du Magasin pittoresque.*

Cherbuliez (Victor). Meta Holdenis, 1 vol. in-16; *Hachette et Cⁱᵉ.*

— La Ferme du Choquart, 1 vol. in-16; *Hachette et Cⁱᵉ.*

— Aventures de Ladislas Bolski, 1 vol. in-16; *Hachette et Cⁱᵉ.*

Conscience (Henri). Histoire de deux enfants d'ouvriers, 1 vol. in-18; *Calmann Lévy.*

Conway (Hugh). Le Secret de la neige, 1 vol. in-16; *Hachette et Cⁱᵉ.*

Cooper (Fenimore). Le Dernier des Mohicans, 1 vol. in-8°; *Hachette et Cⁱᵉ.*

— La Prairie, 1 vol. in-8°; *Jouvet et Cⁱᵉ.*

— Le Pilote, 1 vol. in-8°; *Jouvet et Cⁱᵉ.*

— L'Espion, 1 vol. in-8°; *Jouvet et Cⁱᵉ.*

Cummins (Miss). L'Allumeur de réverbères, 1 vol. in-16; *Hachette et Cⁱᵉ.*

Currer Bell. Jane Eyre, 2 vol. in-16; *Hachette et Cⁱᵉ.*

Daudet (Alphonse). Contes du lundi, 1 vol. in-18; *Charpentier et Cⁱᵉ.*

— Le petit Chose, 1 vol. in-18; *Charpentier et Cⁱᵉ.*

Dickens (Charles). Olivier Twist, 1 vol. in-16; *Hachette et Cⁱᵉ.*

— Contes de Noël, 1 vol. in-16; *Hachette et Cⁱᵉ.*

Dickens (Charles). David Copperfield, 2 vol. in-16; *Hachette et C*.

— Aventures de M. Pickwick, 2 vol. in-16; *Hachette et C*.

Dillaye (Frédéric). Les Héritiers de Jeanne d'Arc, 1 vol. in-8°; *Ch. Delagrave.*

Dumas (Alexandre). Les Trois mousquetaires, 2 vol. in-18; *Calmann Lévy.*

— Le Comte de Monte-Christo, 6 vol. in-18; *Calmann Lévy.*

— La Tulipe noire, 1 vol. in-18; *Calmann Lévy.*

— Impressions de voyage (Suisse), 3 vol. in-18; *Calmann Lévy.*

— Impressions de voyage. *Le Corricolo,* 2 vol. in-18; *Calmann Lévy.*

Eliot (George). Le Moulin sur la Floss, 2 vol. in-16; *Hachette et C*.

— Adam Bede, 2 vol. in-16, *Hachette et C*.

— Silas Marner. — Le tisserand de Raveloe, 1 vol. in-16; *Hachette et C*.

Erckmann-Chatrian. L'Ami Fritz, 1 vol. in-16; *Hachette et C*.

Fabre (Ferdinand). Barnabé, 1 vol. in-18; *Charpentier et C*.

— Mon oncle Célestin, 1 vol. in-18; *Charpentier et C*.

Ferry (Gabriel). Les Coureurs des bois ou les Chercheurs d'or, 2 vol. in-16; *Hachette et C*.

Feuillet (Octave). Le Roman d'un jeune homme pauvre, 1 vol. in-18; *Calmann Lévy.*

Féval (Paul). Le Loup blanc, 1 vol. in-12; *V. Palmé.*

Foë (Daniel de). La Vie et les aventures de Robinson Crusoé, 1 vol. in-16; *Hachette et C*.

France (Anatole). Le Livre de mon ami, 1 vol. in-18; *Calmann Lévy.*

Galland. Les Mille et une nuits de la jeunesse, 1 vol. in-18; *Garnier frères.*

Gautier (Théophile). Le Capitaine Fracasse, 2 vol. in-18; *Charpentier et C*.

Girardin (J.). L'Oncle Placide, 1 vol. in-8°; *Hachette et C*.

— Les Braves gens, 1 vol. in-8°; *Hachette et C*.

Gogol (Nicolas). Les Âmes mortes, 2 vol. in-16; *Hachette et C*.

Goldsmith (Olivier). Le Vicaire de Wakefield, 1 vol. in-18; *Charpentier et C*.

Gréville (Henry). Dosia, 1 vol. in-18; *Plon, Nourrit et C*.

— A travers champs, — Autour d'un phare, 1 vol. in-18; *Plon, Nourrit et C*.

— Le Moulin Frappier, 2 vol. in-18; *Plon, Nourrit et C*.

Gustafsson (Richard). Autour du poêle, 1 vol. in-8°; *Firmin Didot et C*.

Laboulaye (Édouard). Contes bleus, 1 vol. in-8°; *Jouvet et C*.

Lamartine (A. de). Geneviève. Histoire d'une servante, 1 vol. in-18; *Calmann Lévy.*

— Graziella, 1 vol. in-16; *Jouvet-Hachette.*

Loti (Pierre). Pêcheur d'Islande, 1 vol. in-18; *Calmann Lévy.*

Malot (Hector). Sans famille, 2 vol. in-18; *Dentu et C*.

Mérimée (Prosper). Colomba, 1 vol. in-18; *Calmann Lévy.*

Oulda. Deux petits sabots, 1 vol. in-18, *Calmann Lévy.*

Perrault, Mme d'Aulnoy, Leprince de Beaumont. Contes de fées, 1 vol. in-16; *Hachette et C*.

Reybaud (Louis). Jérôme Paturot à la recherche d'une position sociale, 1 vol. in-18; *Calmann Lévy.*

Sand (George). Le Château de Pic-Tordu, 1 vol. in-18; *Calmann Lévy.*

— Le Chêne parlant, 1 vol. in-18; *Calmann Lévy.*

— La Petite Fadette, 1 vol. in-18; *Calmann Lévy.*

— François le Champi, 1 vol. in-18; *Calmann Lévy.*

— La Mare au diable, 1 vol. in-18; *Calmann Lévy.*

— Lettres d'un voyageur, 1 vol. in-18; *Calmann Lévy.*

Sandeau (Jules). Le Docteur Herbeau, 1 vol. in-18; *Charpentier et Cie.*

— Madeleine, 1 vol. in-18; *Charpentier et Cie.*

— La Maison de Penarvan, 1 vol. in-18; *Charpentier et Cie.*

— La Roche aux mouettes, 1 vol. in-18; *Hetzel et Cie.*

— Sacs et Parchemins, 1 vol. in-18; *Calmann Lévy.*

— Mlle de la Seiglière, 1 vol. in-18; *Charpentier et Cie.*

— Jean de Thommeray, 1 vol. in-18; *Calmann Lévy.*

Scott (Walter). L'Antiquaire, 1 vol. in-8°; *Jouvet et Cie.*

— La fiancée de Lamermoor, 1 vol. in-8°; *Jouvet et Cie.*

— Guy Mannering, 1 vol. in-8°; *Jouvet et Cie.*

— Ivanhoë, 1 vol. in-8°; *Jouvet et Cie.*

— La Jolie fille de Perth, 1 vol. in-8°; *Jouvet et Cie.*

— Le Monastère, 1 vol in-8°; *Jouvet et Cie.*

— Le Nain noir, 1 vol. in-8°; *Jouvet et Cie.*

— Quentin Durward, 1 vol. in-8°; *Jouvet et Cie.*

— Rob Roy, 1 vol. in-8°; *Jouvet et Cie.*

— Waverley, 1 vol. in-8°; *Jouvet et Cie.*

Stahl (P.-J.). Maroussia, 1 vol. in-18; *Hetzel et Cie.*

Stevenson (R.-L.). L'Île au trésor, 1 vol. in-18; *Hetzel et Cie.*

Suë (Eugène). Les Mystères de Paris, 4 vol. in-18; *Marpon et Flammarion.*

Swift. Les Voyages de Gulliver, 1 vol. in-16; *Hachette et Cie.*

Thackeray (Miss). Sur la falaise, 1 vol. in-16; *Hachette et Cie.*

Thackeray (M. W.). La Foire aux vanités, 2 vol. in-16; *Hachette et Cie.*

Theuriet (André). Nouvelles, 1 vol. in-12; *Lemerre.*

— Le Mariage de Gérard, 1 vol. in-18; *Charpentier et Cie.*

— La Maison des Deux Barbeaux, 1 vol. in-18; *Paul Ollendorff.*

Tolstoï (Comte Léon). La Guerre et la Paix. 3 vol. in-16; *Hachette et Cie.*

— Katia, 1 vol. in-12; *Perrin et Cie.*

Töpffer. Premiers voyages en zig-zag, 1 vol. in-8°; *Garnier frères.*

— Nouvelles genevoises, 1 vol. in-16; *Hachette et Cie.*

Tourgueneff (Ivan). Pères et Enfants, 1 vol. in-18; *Charpentier et Cie.*

Verne (Jules). Michel Strogoff, 2 vol. in-18; *Hetzel et Cie.*

— Le Tour du monde en 80 jours, 1 vol. in-18; *Hetzel et Cie.*

Wyss (J.-R.). Le Robinson suisse, 1 vol. in-8°; *Hachette et Cie.*

IX. OUVRAGES DIVERS ET BIOGRAPHIES.

Delaitre (Ch.). La Fontaine, 1 vol. petit in-16; *Hachette et Cie.*

Delon (Ch.). Gutemberg, 1 vol. petit in-16; *Hachette et Cie.*

Delerot (E.). Gœthe, 1 vol. petit in-16; *Hachette et Cie.*

Demoulin (Mme G.). Montyon, 1 vol. petit in-16; *Hachette et Cie.*

Egger (E.). Histoire du livre depuis ses origines jusqu'à nos jours, 1 vol. in-18; *Hetzel et Cie.*

Gebhart (E.). Vie du Dante, 1 vol. petit in-16; *Hachette et Cie.*

Gossot (Émile). Mlle Sauvan, 1 vol. in-16; *Hachette et Cie.*

Legouvé (Ernest). La Lecture en action, 1 vol. in-18; *Hetzel et Cie.*

Muller (Eugène). La Forêt, 1 vol. gr. in-8°; *Ducrocq.*

Sebran (Marie). Journal d'une mère pendant le siège de Paris, 1 vol. in-12; *Perrin et Cie.*

HISTOIRE.

I. HISTOIRE GÉNÉRALE.

Crozals (J. de). Histoire de la civilisation, 2 vol. in-12; *Ch. Delagrave.*

Guizot. Histoire de la civilisation en Europe depuis la chute de l'Empire romain jusqu'à la Révolution française, 1 vol. in-12; *Perrin et Cie.*

Seignobos (Ch.). Histoire de la civilisation, 2 vol. in-18; *G. Masson.*

II. HISTOIRE ANCIENNE.

Berthelot (André). Les grandes scènes de l'histoire grecque, 1 vol. in-16; *Hachette et Cie.*

Boissier (Gaston). Promenades archéologiques. — Rome et Pompéi, 1 vol. in-16; *Hachette et Cie.*

Maspero (G.). Histoire ancienne des peuples de l'Orient, 1 vol. in-16; *Hachette et Cie.*

Menant (Joachim). Ninive et Babylone, 1 vol. in-16; *Hachette et Cie.*

Micholet (J.). Histoire romaine. — République, 2 vol. in-18; *Calmann Lévy.*

Plutarque. Vie des Grecs illustres, 1 vol. in-16; *Hachette et Cie.*

— Vie des Romains illustres, 1 vol. in-16; *Hachette et Cie.*

Ville de Mirmont (H. de La). Mythologie élémentaire des Grecs et des Romains, 1 vol. in-16; *Hachette et Cie.*

III. HISTOIRE DE FRANCE.

Bonnechose (Charles de). Montcalm et le Canada français, 1 vol. in-16; *Hachette et Cie.*

Bordier (Henri) et **Édouard Charton.** Histoire de France, 2 vol. in-8°; *Bureaux du Magasin pittoresque.*

Carnot (H.). La Révolution française, 1 vol. in-12; *Félix Alcan.*

Chalamet (Antoine). Les Français au Canada, 1 vol. in-8°; *Picard et Kaân.*

Chanzy (Général). La deuxième armée de la Loire, 1 vol. in-18; *Plon, Nourrit et Cie.*

Clément (Pierre). Histoire de Colbert et de son administration, 2 vol. in-12; *Perrin et Cie.*

Desprez (Claude). Les armées de Sambre-et-Meuse, 1 vol. in-18; *Baudouin et Cie.*

Duruy (Victor). Histoire de France, 2 vol. in-16; *Hachette et Cie.*

Dussieux (L.). Les grands faits de l'histoire de France racontés par les contemporains, 8 vol. in-12; *V. Lecoffre.*

— L'armée en France, 3 vol. in-18; *L. Bernard* (Versailles).

Froissart. Chroniques, 1 vol. in-18; *Firmin-Didot et Cie.*

Gasquet (A.). Précis des institutions politiques et sociales de l'ancienne France, 2 vol. in-16; *Hachette et Cie.*

Guizot. Histoire de France, depuis les temps les plus reculés jusqu'en 1789, racontée à mes petits-enfants, 5 vol. in-4°; *Hachette et Cie.*

Hauréau (B.). Charlemagne et sa cour, 1 vol. in-16; *Hachette et Cie.*

Jalliffier (R.). Histoire des États généraux (1302-1614), 1 vol. in-12; *Léopold Cerf.*

Joinville. Histoire de saint Louis (Edition DE WAILLY), 1 vol. in-16; *Hachette et Cie.*

Lehugeur (Paul). Louvois et l'armée française sous Louis XIV, 1 vol. petit in-16; *Hachette et Cie.*

Loir (Maurice). L'escadre de l'amiral Courbet, 1 vol. in-12; *Berger-Levrault.*

Loyal Serviteur. Histoire du gentil seigneur de Bayart composée par le loyal serviteur, 1 vol. in-16; *Hachette et Cie.*

Luchaire (Achille). Philippe Auguste, 1 vol. in-16; *Hachette et Cie.*

Martin (Henri). Histoire de France populaire depuis les temps les plus reculés jusqu'à nos jours, 7 vol. grand in-8°; *Jouvet et Cie.*

— Jeanne d'Arc, 1 vol. in-16; *Jouvet et Cie.*

Michelet (J.). Les Croisades (1095-1270), 1 vol. in-16; *Hetzel et Cie.*

— Jeanne d'Arc, 1 vol. in-16; *Hachette et Cie.*

— Louis XI et Charles le Téméraire, 1 vol. in-16; *Hachette et Cie.*

— François Ier et Charles-Quint, 1 vol. in-16; *Hetzel et Cie.*

— Henri IV (1553-1610), 1 vol in-16; *Hetzel et Cie.*

— Abrégé d'histoire de France (Moyen Âge), 1 vol. in-18; *Marpon et Flammarion.*

Michelet (J.). Abrégé d'histoire de France (Temps modernes), 1 vol. in-18; *Marpon et Flammarion.*

— Extraits historiques, 1 vol. in-18; *A. Colin et Cie.*

Mignet. Histoire de la Révolution française depuis 1789 jusqu'en 1814; 2 vol. in-12; *Perrin et Cie. — Firmin-Didot et Cie.*

Quicherat (J.). Histoire du costume en France, 1 vol. in-8°; *Hachette et Cie.*

Rambaud (Alfred). Histoire de la Révolution française (1789-1799), 1 vol. in-16; *Hachette et Cie.*

— Histoire de la civilisation française depuis les origines jusqu'à la Révolution, 2 vol. in-18; *A. Colin et Cie.*

Saint-Simon. Le régent et la cour de France sous la minorité de Louis XV, 1 vol. in-16; *Hachette et Cie.*

Ségur (Général comte de). Histoire de Napoléon et de la Grande Armée en 1812, 2 vol. in-8°; *Delaroque aîné.*

Thierry (Augustin). Lettres sur l'histoire de France, 1 vol. in-16; *Jouvet et Cie.*

— Récits des temps mérovingiens, 1 vol. in-4°; *Lecène et Oudin.*

Voltaire. Siècle de Louis XIV, 1 vol. in-16; *Hachette et Cie.*

IV. HISTOIRES ÉTRANGÈRES.

Gebhart (Émile). De l'Italie. Essais de critique et d'histoire, 1 vol. in-16; *Hachette et Cie.*

Green (John Richard). Histoire du peuple anglais (traduction par M. Auguste Monod), 2 vol. in-8°; *Plon, Nourrit et Cie.*

Guizot. Études sur la Révolution d'Angleterre. Portraits politiques, 1 vol. in-12; *Perrin et Cie.*

Jonquière (Vicomte A. de La). Histoire de l'Empire ottoman, depuis les origines jusqu'au traité de Berlin, 1 vol. in-16; *Hachette et Cie.*

Lavisse (Ernest). Trois empereurs d'Allemagne : Guillaume Ier, Frédéric III, Guillaume II, 1 vol. in-12; *A. Colin et Cie.*

— Essai sur l'Allemagne impériale, 1 vol. in-16; *Hachette et Cie.*

Léger (Louis). Histoire de l'Autriche-Hongrie, depuis les origines jusqu'à l'année 1889; 1 vol. in-16; *Hachette et Cie.*

Maze (Hippolyte). La République des États-Unis et la France, 1 vol. in-12; *Librairie centrale des publications populaires.*

Mignet. Charles-Quint, 1 vol. in-12; *Perrin et Cie.*

Rambaud (Alfred). Histoire de la Russie, depuis les origines jusqu'à l'année 1884, 1 vol. in-16; *Hachette et Cie.*

Thierry (Augustin). Histoire de la conquête de l'Angleterre par les Normands, 4 vol. in-16; *Jouvet et Cie.*

Véron (Eug.). Histoire de la Prusse, depuis la mort de Frédéric II jusqu'à la bataille de Sadowa, 1 vol. in-18; *Félix Alcan.*

Véron (Eug.). Histoire de l'Allemagne depuis la bataille de Sadowa, 1 vol. in-18; *Félix Alcan.*

Voltaire. Histoire de Charles XII, 1 vol. in-16; *Hachette et C.*

Zeller (Jules). Histoire abrégée de l'Italie, depuis la chute de l'Empire romain jusqu'à la fondation du royaume italien, 1 vol. in-16; *Hachette et C.*

V. BIOGRAPHIES, MÉMOIRES ET OUVRAGES DIVERS.

Anonyme (d'après Lacroix). L'ancienne France. — L'armée depuis le moyen âge jusqu'à la Révolution, 1 vol. in-8°; *Firmin-Didot et C.*

— L'ancienne France. — La chevalerie et les croisades, 1 vol. in-8°; *Firmin-Didot et C.*

— L'ancienne France. — L'école et la science jusqu'à la Renaissance, 1 vol. in-8°; *Firmin-Didot et C.*

— L'ancienne France. — Henri IV et Louis XIII, 1 vol. in-8°; *Firmin-Didot et C.*

— L'ancienne France. — La justice et les tribunaux. — Impôts. — Monnaies. — Finances, 1 vol. in-8°; *Firmin-Didot et C.*

— L'ancienne France. — La marine et les colonies. — Commerce, 1 vol. in-8°; *Firmin-Didot et C.*

Aubigné (D'). Vie de Kléber, 1 vol. petit in-16; *Hachette et C.*

Barracand (Léon). Un village au xiiᵉ et au xixᵉ siècle, 1 vol. in-8°; *Librairie d'éducation de la jeunesse.*

Bernard (Frédéric). Les Fêtes célèbres, 1 vol. in-16; *Hachette et C.*

Boissonnas (Mᵐᵉ B.). Une famille pendant la guerre (1870-1871), 1 vol. in-18; *Hetzel et C.*

Bondois (Paul). Villars et Catinat, 1 vol. in-8°; *Picard et Kaân.*

— Necker, 1 vol. in-12; *Picard et Kaân.*

Bournon (Fernand). Paris (Histoire, monuments, administration, environs de Paris), 1 vol. in-8°; *A. Colin et C.*

Chabrier (Albert). Les Orateurs politiques de la France, 1 vol. in-16, *Hachette et C.*

Chuquet (Arthur). Le général Chanzy (1823-1883), 1 vol. in-12; *L. Cerf.*

Coignet. Les Cahiers du capitaine Coignet (1799-1815), 1 vol. in-16; *Hachette et C.*

Corréard (F.). Desaix, 1 vol. petit in-16; *Hachette et C.*

Coutret (J.). Kléber, 1 vol. petit in-16; *Hachette et C.*

Debidour (A.). Histoire de Duguesclin, 1 vol. in-16; *Hachette et C.*

Delon (C.). Les Paysans. — Histoire d'un village avant la Révolution. 1 vol. in-8°; *Librairie d'éducation de la jeunesse.*

Deschanel (Émile). Benjamin Franklin, 1 vol. in-16; *Hachette et C.*

Desprez (Claude). Le maréchal Ney, 1 vol. in-16; *Hachette et C.*

Fabre (Joseph). Washington, libérateur de l'Amérique, 1 vol. in-12; *Ch. Delagrave.*

Girardin (J.). Necker, 1 vol. petit in-16; *Hachette et C.*

Guillon (E.). Les généraux de la République, 1 vol. in-8°; *Librairie d'éducation de la jeunesse.*

Jouault (Alphonse). Abraham Lincoln. — Sa jeunesse et sa vie politique, 1 vol. in-16; *Hachette et Cie.*

Jurien de La Gravière. L'amiral Baudin, 1 vol. in-18; *Plon, Nourrit et Cie.*

Lacombe (P.). Les armes et les armures, 1 vol. in-16; *Hachette et Cie.*

Langlois (Ch.-V.). Saint Louis, 1 vol. in-16; *Hachette et Cie.*

La Roncière le Noury (Baron de). La Marine au siège de Paris, 1 vol. in-8° et un atlas; *Plon, Nourrit et Cie.*

Lavisse (Ernest). Sully, 1 vol. in-16; *Hachette et Cie.*

Lecène (Paul). Les Marins français (1793-1815), 1 vol. in-8°; *Librairie d'éducation de la jeunesse.*

Lehugeur (Paul). Mahomet, 1 vol. petit in-16; *Hachette et Cie.*

— Charles XII, 1 vol. petit in-16; *Hachette et Cie.*

Lindenlaud. Mirabeau, 1 vol. petit in-16; *Hachette et Cie.*

Maze (Hippolyte). Les généraux de la République, 1re série : Kléber, Hoche, Marceau, 1 vol. in-8°; *Librairie centrale des publications populaires.*

Meyret. Carnet d'un prisonnier de guerre, 1 vol. in-12; *Lecène et Oudin.*

Mézières. Récits de l'invasion. — Alsace et Lorraine, 1 vol. in-12; *Perrin et Cie.*

Mignet. Vie de Franklin, 1 vol. in-12; *Perrin et Cie.*

Retz (Cardinal de). Mémoires. Édition abrégée et annotée par Alphonse Feillet, 1 vol. in-16; *Hachette et Cie.*

Saint-Simon (Duc de). Scènes et portraits choisis dans les mémoires authentiques, par Eug. de Lanneau, 2 vol. in-16; *Hachette et Cie.*

— Parallèle des trois premiers rois bourbons, 1 vol. in-8°; *Hachette et Cie.*

Say (Léon). Turgot, 1 vol. in-16; *Hachette et Cie.*

Tessier (Jules). Étienne Marcel, 1 vol. in-8°; *Picard et Kaân-Maurice Dreyfous.*

Thierry (Augustin). Essai sur l'histoire de la formation et des progrès du Tiers-État, suivi de fragments du recueil des monuments inédits de cette histoire, 2 vol. in-16; *Jouvet et Cie.*

Thoumas (Ch.). Les Capitulations. Étude d'histoire militaire sur la responsabilité du commandement, 1 vol. in-18; *Berger-Levrault.*

Van den Berg. Jules César, 1 vol. petit in-16; *Hachette et Cie.*

Villehardouin (Geoffroi de). Histoire de la conquête de Constantinople, avec la continuation de Henri de Valenciennes. Texte rapproché du français moderne et mis à la portée de tous par M. Natalis de Wailly, 1 vol. in-16; *Hachette et Cie.*

GÉOGRAPHIE.

I. ATLAS ET GÉOGRAPHIE GÉNÉRALE.

Anonyme. Atlas manuel de géographie moderne, 1 vol. in-folio; *Hachette et Cie.*

Bainier (P.-F.). La Géographie appliquée à la marine, au commerce, à l'agriculture, à l'industrie et à la statistique. — Afrique, 1 vol. gr. in-8°; *Vve Belin
et fils.*

Blaise (Paul). Le Congo, 1 vol. in-8°; *Lecène et Oudin.*

Cortambert (E.). Nouvel atlas de géographie ancienne, du moyen âge et moderne,
1 vol. in-4°; *Hachette et Cie.*

Dubarry (Armand). La Mer, 1 vol. in-16; *Jouvet et Cie.*

Dupaigne (Albert). Les Montagnes, 1 vol. in-8°; *A. Mame et fils* (Tours).

Fontpertuis (Ad.-F. de). Les États latins de l'Amérique, 1 vol. in-8°; *Librairie générale de vulgarisation.*

— Les États-Unis de l'Amérique septentrionale, 1 vol. in-8°; *Guillaumin et Cie.*

Lanier (L.). L'Afrique, 1 vol. in-12; *Vve Belin et fils.*

— L'Amérique, 1 vol. in-12; *Vve Belin et fils.*

— L'Asie, 1 vol. in-12; *Vve Belin et fils.*

— L'Europe (sans la France), 1 vol. in-12; *Vve Belin et fils.*

Meunier (Mme Stanislas). Les Sources, 1 vol. in-16; *Hachette et Cie.*

Millet (E.). Les Merveilles des fleuves et des ruisseaux, 1 vol. in-16; *Hachette et Cie.*

Petit (Maxime). La Mer et la Marine, 1 vol. in-8°; *Hachette et Cie.*

Reclus (Élisée). Histoire d'une montagne, 1 vol. in-18; *Hetzel et Cie.*

— Histoire d'un ruisseau, 1 vol. in-18; *Hetzel et Cie.*

— Les Phénomènes terrestres, 2 vol. in-18; *Hachette et Cie.*

Reclus (Onésime). La Terre à vol d'oiseau, 1 vol. in-8°; *Hachette et Cie.*

Simonin (L.). Les Ports de la Grande-Bretagne, 1 vol. in-16; *Hachette et Cie.*

Varigny (E. de). L'Océan Pacifique, 1 vol. in-16; *Hachette et Cie.*

Vidal-Lablache (Paul). Marco Polo, son temps et ses voyages, 1 vol. in-8°; *Hachette et Cie.*

— États et Nations de l'Europe. — Autour de la France, 1 vol. in-12; *Ch. Delagrave.*

II. GÉOGRAPHIE DE LA FRANCE ET DE SES COLONIES.

Bouinais (A.) et Paulus (A.). L'Indo-Chine françoise contemporaine, 2 vol. in-8°;
Challamel aîné.

Denys de Rivoyre. Les Français à Obock, 1 vol. in-8°; *Picard et Kaân-Maurice Dreyfous.*

Duval (Jules). Notre pays, 1 vol. in-16; *Hachette et Cie.*

Font-Réaulx (H. de). Riquet et le Canal des deux mers, 1 vol. in-8°; *Ch. Delagrave.*

Génin (E.). Madagascar. — Îles Comores. — Maurice. — La Réunion, etc., 1 vol. in-8°; *Librairie générale de vulgarisation.*

Girard (Jules). Les Rivages de la France. — Côtes de la Manche et de l'Océan. — Autrefois et aujourd'hui, 1 vol. in-8°; *Ch. Delagrave.*

Hue (Fernand) et **Haurigot (Georges).** Nos grandes colonies. — Afrique, 1 vol. in-12; *Lecène et Oudin.*

— Nos grandes colonies. — Amérique, 1 vol. in-12; *Lecène et Oudin.*

— Nos petites colonies, 1 vol. in-12; *Lecène et Oudin.*

Joanne (Adolphe). Géographie du département de la Seine, 1 vol. in-16; *Hachette et Cie.*

Le Brun-Renaud. Les Possessions françaises de l'Afrique occidentale, 1 vol. in-12; *Baudouin et Cie.*

Le Chartier (H.). Tahiti et les colonies françaises de la Polynésie, 1 vol. in-16; *Jouvet et Cie.*

Reclus (Onésime). France, Algérie et colonies, 1 vol. in-16; *Hachette et Cie.*

III. VOYAGES.

Amicis (Edmondo de). L'Espagne, 1 vol. in-16; *Hachette et Cie.*

— La Hollande, 1 vol. in-16; *Hachette et Cie.*

Baldwin (W.-C.). Récits de chasse. — Du Natal au Zambèze. — Abrégé, par H. Vattemare, 1 vol. in-8°; *Hachette et Cie.*

Bonvalot (Gabriel). En Asie centrale. — Du Kohistan à la Caspienne, 1 vol. in-18; *Plon, Nourrit et Cie.*

— En Asie centrale. — De Moscou en Bactriane, 1 vol. in-18; *Plon, Nourrit et Cie.*

Boulangier (Edgar). Voyage à Merv, 1 vol. in-16; *Hachette et Cie.*

Bourde (Paul). De Paris au Tonkin, 1 vol. in-18; *Calmann Lévy.*

Charmes (G.). La Tunisie et la Tripolitaine, 1 vol. in-18; *Calmann Lévy.*

— Voyage en Palestine. — Impressions et souvenirs, 1 vol. in-18; *Calmann Lévy.*

Colomb. Vie et Voyages de Christophe Colomb, d'après Washington Irving, 1 vol. in-8°; *Hachette et Cie.*

— Voyages et découvertes des compagnons de Colomb, d'après Washington Irving, 1 vol. in-8°; *Hachette et Cie.*

Cotteau (Edmond). En Océanie, 1 vol. in-16; *Hachette et Cie.*

— De Paris au Japon à travers la Sibérie, 1 vol. in-16; *Hachette et Cie.*

— Un Touriste dans l'Extrême Orient : Japon, Chine, Indo-Chine et Tonkin, 1 vol. in-16; *Hachette et Cie.*

Davin (Albert). 5o,ooo milles dans l'océan Pacifique, 1 vol. in-18; *Plon, Nourrit et Cie.*

Hayes (J.). La Mer libre du pôle. Abrégé par J. Belin de Launay, 1 vol. in-16; *Hachette et Cie.*

Hervé (A.) et De Lanoye (F.). Voyages dans les glaces du pôle Arctique, 1 vol. in-16; *Hachette et Cie.*

Hübner (Baron de). Promenade autour du monde, 2 vol. in-16; *Hachette et Cie.*

Lamothe (H. de). Cinq mois chez les Français d'Amérique. — Voyage au Canada, 1 vol. in-16; *Hachette et Cie.*

Lande (L.-Louis). Basques et Navarrais. — Souvenirs, 1 vol. in-12; *Perrin et Cie.*

Leclercq (Jules). La Terre des merveilles, 1 vol. in-16; *Hachette et Cie.*

— Voyage au Mexique. — De New-York à Vera-Cruz, 1 vol. in-16; *Hachette et Cie.*

Levasseur (E.). Les Alpes et les grandes ascensions, 1 vol. gr. in-8°; *Ch. Delagrave.*

Livingstone (David et Charles). Explorations dans l'Afrique australe et dans le bassin du Zambèze, depuis 184o jusqu'en 1864, 1 vol. in-16; *Hachette et Cie.*

Marin La Meslée (E.). L'Australie nouvelle, 1 vol. in-18; *Plon, Nourrit et Cie.*

Montégut (Émile). Les Pays-Bas, 1 vol. in-16; *Hachette et Cie.*

— Tableaux de la France. — En Bourgogne et en Forez. — Souvenirs de Bourgogne, 2 vol. in-16; *Hachette et Cie.*

Robiano (Comte Eug. de). Dix-huit mois dans l'Amérique du Sud, 1 vol. in-18; *Plon, Nourrit et Cie.*

Rousset (Léon). A travers la Chine, 1 vol. in-16; *Hachette et Cie.*

Saussure (H.-B. de). Voyages dans les Alpes, 1 vol. in-18; *Fischbacher.*

Stanley (Henry-M.). Cinq années au Congo, 1879-1884, 1 vol. in-8°; *Maurice Dreyfous.*

Vandal (Albert). En Karriole. — A travers la Suède et la Norvège, 1 vol. in-18; *Plon, Nourrit et Cie.*

Vattemare (H.). Vie et voyages de Christophe Colomb, 1 vol. petit in-16; *Hachette et Cie.*

Wattemare (H.). Vie et Voyages de James Cook, 1 vol. petit in-16; *Hachette et Cie.*

— Vie et Voyages de La Pérouse, 1 vol. petit in-16; *Hachette et Cie.*

— Vie et Voyages de David Livingstone, 1 vol. pet. in-16; *Hachette et Cie.*

— Vie et Voyages de Fernand de Magellan, 1 vol. petit in-16; *Hachette et Cie.*

ÉCONOMIE POLITIQUE ET LÉGISLATION.

About (Edmond). A, B, C, du travailleur, 1 vol. in-16; *Hachette et Cie.*

Bastiat (Frédéric). Sophismes économiques. — Petits pamphlets, 2 vol. in-18; *Guillaumin et Cie.*

Baudrillart (H.). Lectures choisies d'économie politique, 1 vol. in-18; *Guillaumin et Cie*.

Beaussire (Émile). Les Principes du droit, 1 vol. in-8°; *Félix Alcan*.

Bergeret (Gaston). Mécanisme du budget de l'État, 1 vol. in-8°; *Quantin*.

Block (Maurice). Premiers principes de législation pratique, 1 vol. in-18; *Hetzel et Cie*.

Carré (N.-A.). Nos petits procès. — Notes sur le droit familier, 1 vol. in-18; *Hennuyer*.

Chassaing (J.-B.). Notions usuelles de droit civil, 1 vol. in-18; *Delalain frères*.

Franklin (Benjamin). Conseils au peuple, 1 vol. in-12; *Librairie Colas*.

— Essais de morale et d'économie politique, 1 vol. in-16; *Hachette et Cie*.

Guétat (Édouard). Histoire élémentaire du droit français, 1 vol. in-8°; *Larose et Forcel*.

Lamy (Louis de). Les Causeries du juge de paix, 1 vol. in-12; *Ch. Delagrave*.

Mézières. L'Économie ou remède au paupérisme, 1 vol. in-12; *Librairie Renouard*.

AGRICULTURE, HORTICULTURE.

Baltet (Charles). L'Art de greffer, 1 vol. in-12; *G. Masson*.

Boitel (Amédée). Herbages et prairies naturelles, 1 vol. in-8°; *Firmin-Didot et Cie*.

Canu (T.) et Larbalétrier (Albert). Manuel de météorologie agricole, 1 vol. in-18; *Hetzel et Cie*.

Cherville (G. de). Fleurs, fruits et légumes, 1 vol. in-18; *Maurice Dreyfous*.

Dybowski. Traité de culture potagère, 1 vol. in-18; *G. Masson*.

Fabre (J.-Henri). Les Ravageurs, 1 vol. in-12; *Ch. Delagrave*.

Joigneaux (Pierre). Conseils à la jeune fermière, 1 vol. in-18; *G. Masson*.

— Le Livre de la ferme et des maisons de campagne, 2 vol. in-4°; *Masson-Delagrave*.

Scribaux et Nanot. Éléments de botanique agricole, 1 vol. in-16; *J.-B. Baillière et fils*.

Varennes (H. de). Les Veillées de la ferme de Tourne-Bride, ou Entretiens sur l'agriculture, 1 vol. in-18; *Masson Delagrave*.

SCIENCES MATHÉMATIQUES, PHYSIQUES,
CHIMIQUES ET NATURELLES.

SCIENCES APPLIQUÉES. ARTS INDUSTRIELS.

Anonyme. Flore pittoresque de la France, 1 vol. in-4°; *Rothschild*.

Anonyme. Histoire d'un savant par un ignorant, 1 vol. in-18; *Hetzel et Cie*.

Albert-Lévy. James Watt, 1 vol. petit in-16; *Hachette et Cie.*

— Lavoisier, 1 vol. petit in-16; *Hachette et Cie.*

Amiot et Vintéjoux. Éléments de géométrie, 1 vol. in-8°; *Ch. Delagrave.*

André (Ph.). Nouveau cours d'arithmétique, 1 vol. in-8°; *André-Guédon.*

— Nouveau cours complet d'algèbre, 1 vol. in-8°; *André-Guédon.*

André (Ernest). Les Fourmis, 1 vol. in-16; *Hachette et Cie.*

Audoynaud. Entretiens familiers sur la cosmographie, 1 vol. in-18; *Hetzel et Cie.*

Baclé. Les Voies ferrées, 1 vol. in-8°; *G. Masson.*

Bernard (Claude). La science expérimentale, 1 vol. in-18; *J.-B. Baillière et fils.*

Bert (Paul). Anatomie et physiologie animales, 1 vol. in-18°; *G. Masson.*

Bert (Paul) et Raphaël Blanchard. Éléments de zoologie, 1 vol. in-8°; *G. Masson.*

Bouant (Émile). La galvanoplastie, le nickelage, etc., 1 vol. in-16; *J.-B. Baillière et fils.*

Collignon (Édouard). Les Machines, 1 vol. in-16; *Hachette et Cie.*

Combette (E.). Cours de mécanique, 1 vol. in-8°; *Félix Alcan.*

Crié (Louis). Nouveaux éléments de botanique, 1 vol. in-18; *Octave Doin.*

Deharme (E.). Les Merveilles de la locomotion, 1 vol. in-16; *Hachette et Cie.*

Demoulin (Maurice). Les paquebots à grande vitesse et les navires à vapeur, 1 vol. in-16; *Hachette et Cie.*

Demoulin (Mme G.). Philippe de Girard, 1 vol. petit in-16; *Hachette et Cie.*

— Ampère, 1 vol. petit in-16; *Hachette et Cie.*

— Cuvier, 1 vol. petit in-16; *Hachette et Cie.*

Drion et Fernet. Traité de physique élémentaire, 1 vol. in-8°; *G. Masson.*

Dufailly. Géométrie descriptive, 1 vol. in-12; *Ch. Delagrave.*

Ernouf (Baron). Histoire de trois ouvriers français : Richard Lenoir, Abraham-Louis Bréguet, Michel Brézin, 1 vol. in-16; *Hachette et Cie.*

— Denis Papin, sa vie, son œuvre, 1 vol. in-16; *Hachette et Cie.*

— Histoire de quatre inventeurs français au XIXe siècle : Sauvage, Heilmann, Thimonnier, Giffard, 1 vol. in-16; *Hachette et Cie.*

— Deux inventeurs célèbres : Philippe de Girard, Jacquart, 1 vol. in-16; *Hachette et Cie.*

Fabre (J.-H.). Les inventeurs et leurs inventions, 1 vol. in-8°; *Ch. Delagrave.*

Flammarion (Camille). Astronomie populaire, 1 vol. in-8°; *Marpon et Flammarion-Levasseur.*

Folin (Le marquis de). Sous les mers. — Campagne d'exploration du *Travailleur* et du *Talisman*, 1 vol. in-16; *J.-B. Baillière et fils.*

Fonvielle (W. de). Le Pétrole, 1 vol. in-16; *Hachette et Cie.*

Garnier (Jules). Le Fer, 1 vol in-16; *Hachette et Cie.*

Girard (Maurice). Les métamorphoses des insectes, 1 vol. in-16; *Hachette et Cie.*

Graffigny (H. de). Les moteurs anciens et modernes, 1 vol. in-16; *Hachette et Cie.*

Guillemin (Amédée). Les machines à vapeur et à gaz; 1 vol. in-16; *Hachette et Cie.*

— Le feu souterrain, 1 vol. in-16; *Hachette et Cie.*

Guillemin (Amédée). Les chemins de fer, 2 vol. in-16; *Hachette et Cie*.

— La Terre et le Ciel, 1 vol. in-8°; *Hachette et Cie*.

— Le beau et le mauvais temps, 1 vol. in-16; *Hachette et Cie*.

Hébert. Notions générales de géologie, 1 vol. in-18; *G. Masson*.

Hennebert (Lieutenant-colonel). L'Artillerie, 1 vol. in-16; *Hachette et Cie*.

Hospitalier (E.). Les principales applications de l'électricité, 1 vol. in-8°; *G. Masson*.

Houzé (J.-P.). Le Livre des métiers manuels, 1 vol. in-18; *Hetzel et Cie*.

Lambert (Ed.). Traité pratique de botanique, 1 vol. in-8°; *Firmin-Didot et Cie*.

Lefebvre (Eugène). Le Sel, 1 vol. in-16; *Hachette et Cie*.

Lesbazeilles. Buffon, 1 vol. petit in-16; *Hachette et Cie*.

Macé (Jean). Histoire d'une bouchée de pain, 1 vol. in-18; *Hetzel et Cie*.

Maigne (P.). Les mines de la France et de ses colonies, 1 vol. in-32; *Félix Alcan*.

Mangin (Louis). Cours élémentaire de botanique, 1 vol. in-16; *Hachette et Cie*.

Mangin (Arthur). Nos ennemis, 1 vol. in-8°; *A. Mame et fils* (Tours).

Meunier (Mme Stanislas). L'écorce terrestre, 1 vol. in-16; *Hachette et Cie*.

Moitessier. L'Air, 1 vol. in-16; *Hachette et Cie*.

Moncel (Comte Th. du). Le Téléphone, 1 vol. in-16; *Hachette et Cie*.

Paulian (Louis). La hotte du chiffonnier, 1 vol. in-8°; *Hachette et Cie*.

— La Poste aux lettres, 1 vol. in-8°; *Hachette et Cie*.

Perrier (E.). Les principaux êtres vivants des cinq parties du monde. Texte explicatif de l'atlas de Schneider, 1 vol. in-16; *Jouvet et Cie*.

Pizzetta. Les loisirs d'un campagnard, 1 vol. in-8°; *Hennuyer*.

Poiré (Paul). La France industrielle, 1 vol. in-8°; *Hachette et Cie*.

Pouchet. Mœurs et instinct des animaux, 1 vol. in-8°; *Hachette et Cie*.

Privat-Deschanel et **J. Pichot.** Notions élémentaires de physique, 1 vol. in-16; *Hachette et Cie*.

Radau. L'acoustique et les phénomènes du son, 1 vol. in-16; *Hachette et Cie*.

Rebière. Cours de trigonométrie, 1 vol. in-8°; *Félix Alcan*.

Sauvage (Docteur H.-E.). La grande pêche (Les Poissons), 1 vol. in-16; *Jouvet et Cie*.

Schneider (Oscar). Les principaux types des êtres vivants des cinq parties du monde. Atlas, 1 vol. in-fol.; *Jouvet et Cie*.

Tillier (Louis) et **Paul Bonnetain.** Histoire d'un paquebot, 1 vol. in-4°; *Quantin*.

Tissandier (Gaston). L'Eau, 1 vol. in-16; *Hachette et Cie*.

— Les récréations scientifiques, 1 vol. in-8°; *G. Masson*.

— La science pratique, 1 vol. in-18; *G. Masson*.

Zurcher. Les phénomènes de l'atmosphère, 1 vol. in-32; *Félix Alcan*.

Zurcher et Margollé. Les Glaciers, 1 vol. in-16; *Hachette et Cie*.

HYGIÈNE.

Duclaux (E.). Le microbe et la maladie, 1 vol. in-8°; *G. Masson.*

Fonssagrives (J.-B.). Entretiens familiers sur l'hygiène, 1 vol. in-12; *Ch. Delagrave.*

Friedberg (E. de). Premiers secours aux blessés et aux malades, 1 vol. petit in-16; *Hachette et Cie.*

Lagrange (Docteur Fernand). Physiologie des exercices du corps, 1 vol. in-8°; *Félix Alcan.*

Monin (Docteur). La propreté de l'individu et de la maison, 1 vol. in-8°; *Société française d'hygiène.*

Quesnoy (Docteur F.). Les phases de la vie, 1 vol. in-16; *Jouvet et Cie.*

Sanson. Notions usuelles de médecine vétérinaire, 1 vol. in-18; *Librairie agricole de la Maison rustique.*

BEAUX-ARTS.

Anonyme. L'Ancienne France. — Les Arts et métiers au moyen âge, 1 vol. in-8°; *Firmin-Didot et Cie.*

— L'Ancienne France. — L'Industrie et l'Art décoratif aux deux derniers siècles, 1 vol. in-8°; *Firmin-Didot et Cie.*

— L'Ancienne France. — Peintres et graveurs. — L'Académie de peinture, 1 vol. in-8°; *Firmin-Didot et Cie.*

— L'Ancienne France. — Sculpteurs et architectes. — L'Académie d'architecture, 1 vol in-8°; *Firmin-Didot et Cie.*

Bayet (C.). L'Art byzantin, 1 vol. in-4° anglais; *Quantin.*

— Précis d'histoire de l'art, 1 vol. in-4° anglais; *Quantin.*

Bisson (Alexandre) et Lajarte (Th. de). Petite encyclopédie musicale, 2 vol. in-8°; *Hennuyer.*

Blanc (Charles). Grammaire des arts décoratifs, 1 vol. in-8°; *Laurens.*

— Grammaire des arts du dessin, 1 vol. in-8°; *Laurens.*

Bouchot. Le Livre. — L'Illustration. — La Reliure, 1 vol. in-4° anglais; *Quantin.*

Burty (Philippe). Bernard Palissy, 1 vol. in-8° carré; *Librairie de l'Art.*

Cerfberr de Medelsheim. L'Architecture en France, 1 vol. in-16; *Jouvet et Cie.*

Champeaux (Alfred de). Le Meuble, 2 vol. in-4° anglais; *Quantin.*

Chesneau (Ernest). Pierre Puget, 1 vol. petit in-16; *Hachette et Cie.*

— La Peinture anglaise, 1 vol. in-4° anglais; *Quantin.*

Clément (Charles). Michel-Ange. — Léonard de Vinci. — Raphaël, 1 vol. in-18; *Hetzel et Cie.*

Clément (Félix). Mozart, 1 vol. petit in-16; *Hachette et Cie.*

— Beethoven, 1 vol. petit in-16; *Hachette et Cie.*

Colomb (L.-C.). François Mansart et Jules Hardouin, dit Mansart, 1 vol. petit in-16; *Hachette et Cie.*

— Philibert de l'Orme, 1 vol. petit in-16; *Hachette et Cie.*

Corroyer (Édouard). L'Architecture romane, 1 vol. in-4° anglais; *Quantin.*

Cournault (Charles). Jean Lamour, 1 vol. in-8° carré; *Librairie de l'Art.*

— Ligier Richier, 1 vol. in-8° carré; *Librairie de l'Art.*

Deck (Théodore). La Faïence, 1 vol. in-4° anglais; *Quantin.*

Delaborde (Vicomte Henri). La Gravure, 1 vol. in-4° anglais; *Quantin.*

Gauthiez (Pierre). Prudhon, 1 vol. in-8° carré; *Librairie de l'Art.*

Gerspach. L'Art de la verrerie, 1 vol. in-4° anglais; *Quantin.*

— La Mosaïque, 1 vol. in-4° anglais; *Quantin.*

Gonse (Louis). L'Art japonais, 1 vol. in-4° anglais; *Quantin.*

Guillaume (Edmond). Histoire de l'art et de l'ornement, 1 vol. in-8°; *Ch. Delagrave.*

Havard (Henry). Histoire de la peinture hollandaise, 1 vol. in-4° anglais; *Quantin.*

Laloux. L'Architecture grecque, 1 vol. in-4° anglais; *Quantin.*

Lavoix (H.). Histoire de la musique, 1 vol. in-4° anglais; *Quantin.*

Lefébure (Ernest). Broderies et Dentelles, 1 vol. in-4° anglais; *Quantin.*

Lemonnier (Henry). Michel-Ange, 1 vol. petit in-16; *Hachette et Cie.*

Lostalot (Alfred de). Les Procédés de la gravure, 1 vol. in-4° anglais; *Quantin.*

Mayeux (Henri). La Composition décorative, 1 vol. in-4° anglais; *Quantin.*

Ménard (René). Histoire des beaux-arts. — Art antique. — Moyen âge. — Art moderne, 3 vol. in-12; *Ch. Delagrave.*

Müntz (Eugène). La Tapisserie, 1 vol. in-4° anglais; *Quantin.*

Proth (Mario). Jean Goujon, 1 vol. petit in-16; *Hachette et Cie.*

Rouaix (Paul). Dictionnaire des arts décoratifs, 1 vol. in-8°; *Librairie illustrée.*

Sauzay (A.). La Verrerie depuis les temps les plus reculés jusqu'à nos jours, 1 vol. in-16; *Hachette et Cie.*

Vachon (Marius). Philibert de l'Orme, 1 vol. in-8° carré; *Librairie de l'Art.*

Véron (Eugène). Eugène Delacroix, 1 vol. in-8° carré; *Librairie de l'Art.*

Viollet-le-Duc. Histoire d'une forteresse, 1 vol. in-8°; *Hetzel et Cie.*

— Histoire de l'habitation humaine, 1 vol. in-8°; *Hetzel et Cie.*

— Histoire d'une maison, 1 vol. in-8°; *Hetzel et Cie.*

— Comment on devient dessinateur, 1 vol. in-18; *Hetzel et Cie.*

— Comment on construit une maison, 1 vol. in-18; *Hetzel et Cie.*

Wauters (A.-J.). La Peinture flamande, 1 vol. in-4° anglais; *Quantin.*